# Riech mal!

## Römische Aromen

Mary Dobson

KÖNEMANN

Originalausgabe: Oxford University Press,
Great Clarendon Street, GB-Oxford OX2 6DP

Illustrationen: Vince Reid und Victor Ambrus.
Fotos: Ancient Art and Architecture Collection:
13 u. r.; Museum of London: 13 o. r., u. l.

Originaltitel: Smelly Old History. Roman Aromas

Übersetzung aus dem Englischen:
Cornelia Holfelder v. d. Tann für Lektoratsbüro Hille & Schäfer

Redaktion und Satz: Lektoratsbüro Hille & Schäfer

Projektkoordination: Dorit Esser

Projektassistenz: Marten Brandt

Herstellungsleitung: Detlev Schaper

Herstellungsassistenz: Ursula Schümer

Druck und Bindung: Sing Cheong Printing Co., Ltd.

Printed in Hong Kong, China

**Hinweis**: Die in diesem Buch verwendeten Duftstoffe sind nicht gesundheitsschädlich. Der Verlag kann dennoch keine Haftung für eventuelle Schäden übernehmen.

ISBN: 3-8290-1467-8

10 9 8 7 6 5 4 3 2 1

# INHALT

Rubbel leicht über die markierten Felder um den Duft der Geschichte zu schnuppern.

# DER DUFT VERGANGENER ZEITEN

Welch Schock für die Römer, als sie vor 2000 Jahren nach Britannien kamen und es besetzten. Du willst wissen warum? Die Römer liebten Wohlgerüche und hassten Gestank. Darum tummelten sie sich stundenlang in Bädern und begossen sich mit Duftöl und Parfüm. Doch in Britannien erwartete sie ein weit weniger wohlduftendes Volk: die Kelten. So kam es, dass die beiden sich anfangs nicht »riechen« konnten.

Wenn wir uns frühere Zeiten vorstellen, vergessen wir oft die Gerüche. In diesem Buch kannst du sie kennen lernen: die süßen Düfte der römischen Kultur – aber auch den gar schröcklichen Gestank der Kelten!

Ein Kelte

Als die Römer Britannien eroberten, merkten sie sofort, dass die Kelten keinen blassen Schimmer von Abwasserkanälen, Bädern und Toiletten hatten. Rasch gaben die Römer Nachhilfe in Sachen Hygiene und Zivilisation und die mittlerweile römischen Briten lernten schnell dazu. Doch nicht alle üblen Gerüche ließen sich überdecken und – was soll's – ein paar Hundert Jahre später ging das Römische Reich sowieso »baden«.

Julius Cäsar

# RÖMISCHE AROMEN

Römische Soldaten

55 vor Christus, so lang ist's her,
da kam Julius Cäsar über das Meer.
Mit Römernase und Toga statt Hose,
auch duftend wie eine liebliche Rose!

Die Römer mit Parfüm im Haar
seh'n kühn ins Aug' der Keltenschar:
Sie würden Britannien im Nu bezwingen
und noch Legionen aus Rom herbringen.

Doch wie sie sich so in die Riemen legen,
schlägt ihnen ein übler Geruch entgegen.
Den Römern wird schlecht, sie schrecken zurück.
Ist das ein fauler keltischer Trick?

Sie halten sich die Nasen zu
und wollen wieder heim im Nu.
Die Kelten sind grimmig und fackeln nicht lang,
ihr Mordsgestank macht Angst und Bang!

Zwar warfen die Römer die Kelten nieder,
doch gleich darauf verschwanden sie wieder,
für 90 Jahre, so steht's geschrieben.
(Ist wohl nicht nur auf den Gestank zu schieben.)

Dann kam Claudius, ein kluger Mann,
mit einem wahrhaft tollen Plan.
Als man ihm von Gerüchen erzählte,
wusste er gleich, was den Kelten so fehlte!

»Die Kelten brauchen Badewannen,
das wird den üblen Mief schon bannen!«
Die Römer, nicht faul, sie kamen zurück
und zwangen die Kelten zum duftenden Glück.

Der Duft der Römer kam und ging
und Mief die Insel neu umfing.
Denn Feinde drohten ringsumher
und niemand dacht' ans Baden mehr.

Keltische Krieger

# RUCHLOSE RÖMER

Es war an einem Morgen im Spätsommer 55 v. Chr., als die Römer zum ersten Mal die Kelten in Britannien rochen. Der römische Feldherr Julius Cäsar hatte üble Gerüchte über die Inselbewohner gehört und wollte nun selbst herausfinden, was es damit auf sich hatte. Mit 10 000 Mann setzte Cäsar von Gallien aus über den Ärmelkanal. Er war sicher, dass sein stolzes Heer die Kelten besiegen würde. Seine Soldaten waren gesund und wohlriechend und hatten sich ordnungsgemäß die Ohren gewaschen.

Doch was für ein Anblick! Am Strand warteten, zum Kampf bereit, Tausende grimmiger nackter Keltenkrieger. Diesen wilden Haufen zu unterwerfen würde kein Kinderspiel werden. Doch der tapfere Fahnenträger der zehnten Legion sprang ins Wasser und die anderen folgten ihm nach. Schließlich gewannen die Römer den Kampf.

Nach dem Sieg verließ Cäsar die übelriechenden Kelten.
Ein Jahr später kam er zurück um zu zeigen, wer hier der Chef war. Dann fuhr er wieder nach Rom – leider, denn er wurde dort im Jahr 44 v. Chr. ermordet.

# »HALSABSCHNEIDER«

Ganze 97 Jahre lang nach dieser Begegnung – von 54 v. Chr. bis 43 n. Chr. – ließen die Römer die Kelten in Ruhe. Das war den Kelten ganz recht, denn sie lebten schon seit Jahrhunderten in Britannien, bevor die Römer auch nur einen Fuß auf die Insel gesetzt hatten und ihre Nase überall reinstecken mussten.

Die Kelten waren eigentlich anständige Kerle, aber sie taten sich schwer im Kampf gegen den Gestank. Abwassergräben oder richtige Toiletten kannten sie nicht und stinkender Müll häufte sich in den Dörfern und Wehranlagen. Wenn die Knochenreste ihrer Festgelage zu stinken begannen, warfen sie einfach Kalk und Erde darüber.

Die Kelten lebten in verschiedenen Stämmen, die sich untereinander bekämpften. Sie hatten raue Sitten, zum Beispiel hängten sie die abgeschlagenen Köpfe von Feinden außen an ihre Häuser, weil sie ihnen magische Kräfte zuschrieben.

*Rubbel und riech »magischen« Mief!*

Die Kelten waren sehr fromm. Sie hatten keine Angst in den Kampf zu ziehen und jung zu sterben, weil sie an ein wunderbares Jenseits glaubten. Ihre Priester, Druiden genannt, hielten ausgeklügelte Zeremonien ab um »Auserwählte« schneller in den Himmel zu bringen: Sie schnitten ihnen die Köpfe ab oder steckten sie in Weidenkörbe und zündeten sie an – als Opfer für die Götter.

# SCHLACHTENGETÜMMEL

43 n. Chr. statteten dann die Römer den Kelten einen weiteren Besuch ab. Kaiser Claudius entsandte 40 000 Soldaten unter der Führung von Aulus Plautius nach Südbritannien. Erst als die blutigen Schlachten so gut wie geschlagen waren, kam dann auch Claudius auf einem Elefanten geritten um die Römer zur letzten siegreichen Schlacht zu führen. Claudius hatte einen empfindlichen Magen und er vertrug den Geruch von Blut, Tod und verschwitzten Kriegern nicht sehr gut.

Doch auch dafür hatten die Römer eine »dufte« Lösung: Sie übertünchten den Schlachtengeruch, indem sie Weihrauch verbrannten und ihre Schilde, Speere und Fahnen mit Duftöl salbten. Der Kaiser erhielt einen aromatischen Lorbeerkranz als Zeichen für den süßen Duft des Sieges.

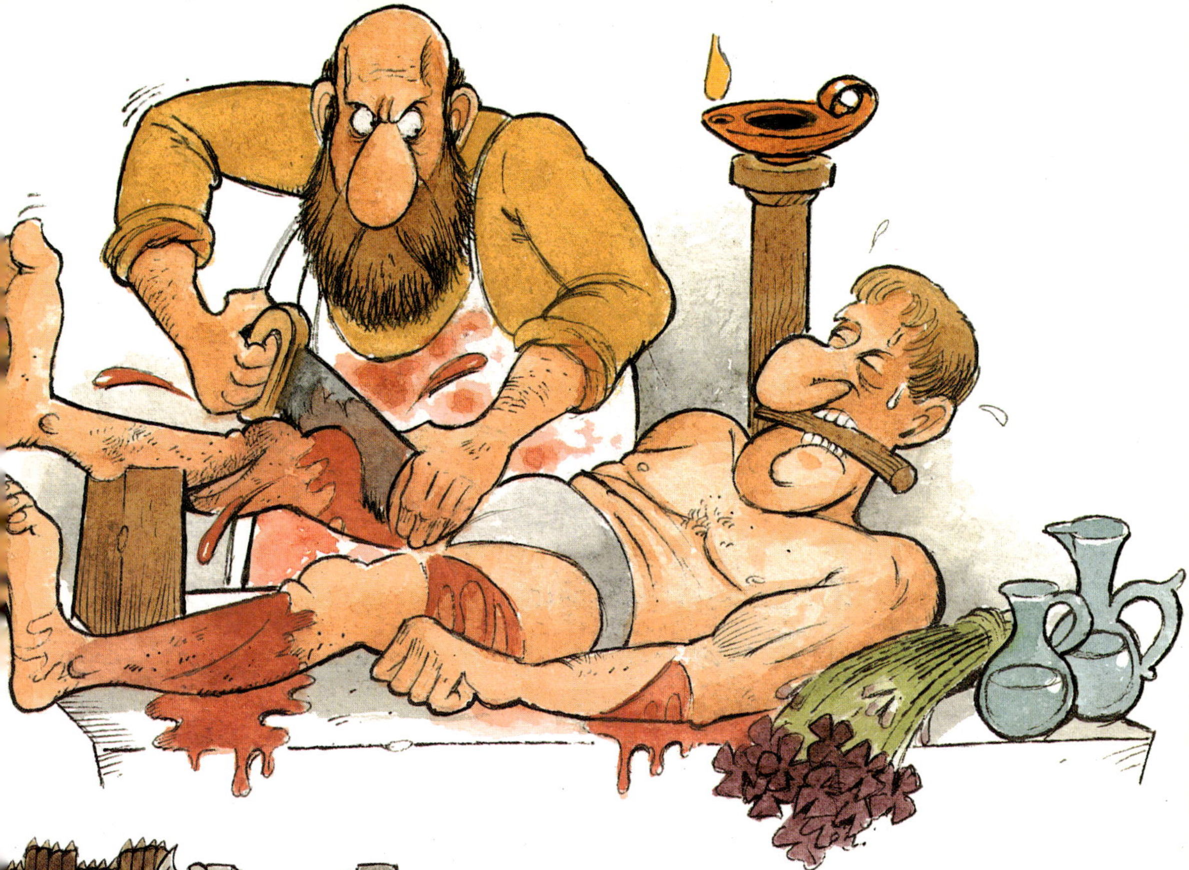

Die Römer prahlten gern damit, dass sie die Siege der Sauberkeit und Gesundheit ihrer Krieger zu verdanken hätten. Sie kümmerten sich auch gewissenhaft um die Verwundeten. Hier siehst du, wie ein Feldchirurg das verletzte Bein eines Soldaten »versorgt«. Nach getaner Tat wird er das Blut mit einem essiggetränkten Schwamm stillen und einen wohlriechenden Verband anlegen. Schmerzmittel hat er leider keine, aber er hat gute Erfahrungen mit einem Stück Holz gemacht …

# LAUSIGE ZEITEN

Nach der gründlichen Unterwerfung durch die Römer gab es für die Kelten kein Zurück mehr. Die römischen Wohlgerüche sollten fast vierhundert Jahre ihr Land beherrschen und die Kelten, jetzt römische Briten, mussten sich daran gewöhnen wie Römer auszusehen und zu riechen: Eine Rasur, ein Haarschnitt, ein Tupfer Parfüm, saubere Unterhosen und ein paar duftende Sandalen – schon waren die schrecklichen Stammeskrieger wie verwandelt!

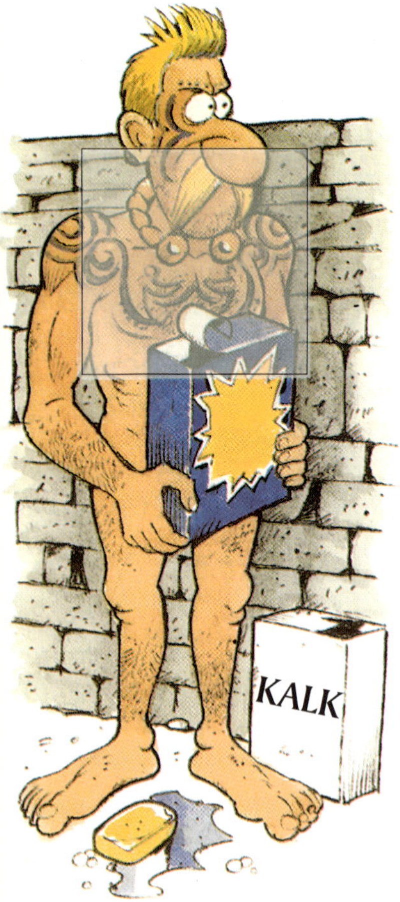


Die Eroberer aus Rom waren über die wilden Frisuren der Kelten entsetzt. Die bleichten ihre Haare mit Kalk, damit sie stachlig und gefährlich wirkten. Die Römer dagegen rasierten sich am ganzen Körper, weil sie so die grässlichen Läuse und Nissen loswerden konnten (unterm Arm juckte es immer besonders).

Auch über die Tätowierungen der Kelten rümpften die Römer die Nase.

Aber: Obwohl die Kelten keine Abwasserleitungen kannten, benutzten sie bereits Seife. Die Römer schabten den Dreck lieber ab!

*Rubbel und riech den urkeltischen Mief!*

# EINE WUNDERSAME VERWANDLUNG

Die Römer befreiten die Kelten beflissen
von ihren stinkigen Läusen und Nissen.
Zuerst mal gingen sie, Mann für Mann,
den Dreck mit Schaber und Kratzer an.

Anschließend begannen sie ohne Grausen
die Kelten zu entflohen und -lausen.
Damit wirklich Schluss war mit dem Getier,
schleppten sie sie auch gleich zum Barbier.

Haare scheren, Ohren putzen,
Bart rasieren, Nägel stutzen.
Und als letzte gute Tat,
ab mit ihnen in das Bad.

Kaltwaschgang und Heißwaschgang,
nicht zu kurz und nicht zu lang,
und zum Abschluss aller Mühen
rasch noch mit Parfüm besprühen.

Die Kelten erkannten sich selbst nicht mehr.
Und die Römer? Sie freuten sich sehr:
Läusefrei, mit kurzen Haaren
war'n das doch nun nette Barbaren!

Römische Ölflasche
und Schabeisen zum
Abkratzen von Dreck
und Schweiß.

Nissenkamm zum
Entfernen von Läusen
und Nagelpflege-Set

Parfümfläschchen

# RÖMISCHE ROSSKUREN

Die Römer glaubten, dass der Körper aus vier Hauptsäften, den »Humores«, besteht – schwarzer Galle, gelber Galle, Schleim und Blut. Bei einem gesunden Menschen, mussten die Säfte im Gleichgewicht sein. Das prüfte der Arzt an verschiedensten Gerüchen: Schweiß, Urin und Spucke (oder »Sputum«, wie die Römer auf Latein feiner sagten). Waren die Säfte unausgewogen, wurden Schröpfköpfe oder Blutegel angelegt oder der Kranke zur Ader gelassen um die üblen Dünste aus dem Körper herauszuziehen.

Kopfschmerzen zu haben war keine gute Sache. Es gab Ärzte, die einfach ein Loch in den Schädel meißelten um den Druck zu verringern. Erstaunlicherweise starb gar nicht jeder Patient nach einer solchen Operation.

Auch bei den Römern duftete nicht immer alles nach Rosen. Viele hatten schrecklichen Mundgeruch – sie aßen ja auch haufenweise Knoblauch. Es hieß sogar, wenn ein Römer auf seinen Pudding puste, verwandle der sich in einen Misthaufen!

Archäologen sind Wissenschaftler, die die Vergangenheit erforschen; manche untersuchen besonders gern antike Abfallhaufen. In Städten, die von den Römern besetzt waren, hat man Ablagerungen von Schlamm und Dreck gefunden, die versteinerte Parasiten und Würmer enthalten. Das deutet darauf hin, dass die Römer viel verdorbenes Fleisch aßen – kein Wunder, dass sie ständig Bauchschmerzen hatten!

Bei Ausgrabungen in römischen Siedlungen fand man auch Leitungsrohre und Töpfe aus Blei. Deshalb glaubten einige Archäologen, dass Römer, die an »Bauchgrimmen« starben, eigentlich eine Bleivergiftung hatten. Ob das auch den Niedergang und Fall Roms erklärt?

# ZIVILE ZUSTÄNDE

Im 2. Jahrhundert n. Chr. waren die keltischen Briten bereits gründlich »(a)romanisiert«. In den Städten herrschte eine unverkennbar römische Lebensart. Schau dir diese Szene an. Sie ist typisch für viele Römersiedlungen: Es ist viel los in den Gassen und auf den Plätzen und entsprechend viele angenehme (und unangenehme) Gerüche liegen in der Luft:

Im Gymnasium riecht es ebenso nach Schweiß wie nach Duftöl und Parfüm.

Appetitliche Duftschwaden von römischem Essen steigen auf.

Auf dem Forum mischen sich Obst-, Gemüse- und Blumenduft – mit Fisch- und Abfallgestank.

Der beißende Uringeruch auf den Straßen war eigentlich nicht sehr beliebt. Aber »Urea« diente einem wichtigen Zweck (der römische Kaiser Vespasian erhob sogar eine »Pipi-Steuer«) : Die Tuchwalker, die die Wäsche wuschen, sammelten den Urin und stampften die Kleider in den dampfenden Bottichen. Sie dachten, so würden sie erst wirklich sauber.

Weihrauchdämpfe dringen aus den Tempeln, während Barbier- und Parfümläden von einer Wolke aus himmlischen Gerüchen umhüllt sind.

Öffentliche Toiletten sind bequem zugänglich – und man kann ein Schwätzchen halten.

*Rubbel und riech wertvollen Pipimief!*

Dieses ausgeklügelte Abwassersystem, der Aquädukt, hilft lästige Gerüche zu beseitigen und führt mit dicken Bleirohren auch frisches Trink- und Badewasser heran.

# STINKIGE STREICHE

## Immer der Nase nach

Im Jahr 122 n. Chr. wurde das inzwischen riesige Römische Reich von Kaiser Hadrian regiert. Breite gepflasterte Straßen durchzogen die römischen Provinzen. Aromus und Aroma, zwei römische Kinder, wandern von Stadt zu Stadt und sorgen auf ihre Weise für die Verbreitung der römischen Lebensweise ...

## Schwammstäbchenspiel

Aroma und Aromus helfen diesen Provinzsoldaten das »römische Klopapier« am falschen Ende anzupacken.

## Eine Frage des Geruchs

Aromus besucht eine Schule, wo die Söhne reicher Eltern Latein lernen. Einer stellt dem armen Lehrer eine hinterhältige Frage – manchmal ist es eben besser, die Antwort nicht zu kennen.

## Kleines Versehen

Aromas Oma möchte sich eines dieser modernen römischen Parfüms hinter die Ohren tupfen. Aroma reicht ihr rasch ein Fläschchen. Hoffentlich kriegt ***sie*** keins hinter die Ohren!

# EIN FEST DER SINNE

Für die Reichen war das Leben in der römischen Provinz Britannien wunderbar. Sie wohnten in einer zentralbeheizten Villa wie dieser hier. Es gab erlesene Speisen und parfümierten Wein, der von Sklaven serviert wurde. Aber so richtig fein und lecker ging es dort wohl doch nicht zu:

Geröstete Haselmaus, nicht mehr ganz frischer Flamingo, Saueuter und Drosseln in einer Sauce aus Fischinnereien.
*Rubbel und riech, wie das Festessen in der römischen Provinz roch!*

Der wichtigste Raum für Vollus Maximus ist das Vomitorium. Da muss er jetzt ganz schnell hinflitzen.

Rulpsus hat einen Schluckauf vom vielen Wein, aber es liegen noch einige Menügänge vor ihm, besonders die Spezialität des Tages – Lerchenzungen in gallischem Knoblauch, gewürzt mit parfümierten Pfauenfedern und gepfefferten Rosenblättern. Sklave Servus bedient.

Sklavin Parfuma vertreibt die schlechten Gerüche. Sie bestreut die Gäste mit Blumen und bringt Rosenwasser für die klebrigen Hände.

Würxus hat sich mit einer parfümierten Feder etwas übertrieben den Rachen gekitzelt ...

XXII

# DEN LEGIONÄREN STINKT'S

Das Leben in der römischen Provinz Britannien konnte außerordentlich kalt und unerfreulich sein, wenn man wie diese Soldaten auf der Festung am Hadrianswall in Nordengland stationiert war. Hier oben wurde den Römern klar, dass dem Siegeszug römischer Erfindungen Grenzen gesetzt waren, zum Beispiel durch eingefrorene Abwasserleitungen und verstopfte Toiletten.

Die Legionäre und Hilfstruppen waren eigentlich hart im Nehmen. Aber mitten im Winter auf dieser offenen Gemeinschaftstoilette zu sitzen, eingefrorene Schwammstäbchen als Klopapier zu benutzen und gleichzeitig das Imperium gegen eindringende Barbaren zu verteidigen, war wirklich etwas zuviel verlangt. Manch römischer Soldat hätte gerne warme Wollunterhosen und lange dicke Socken unter seinem »Röckchen« getragen.

# OHNE SCHWEISS KEIN PREIS

Um sich zu erfrischen und zu säubern ging man oft und gerne ins römische Bad. Dort konnte man sich für wenig Geld vom Essen erholen und so lange saunen oder baden wie man wollte.

Weil die Römer die Ordnung liebten, gab es in jedem römischen Bad eine römische Badeordnung:

**I** Öffentliche Toilette aufsuchen (eine feine Sache, wenn man arm war und die eigene Hütte nicht an die Kanalisation angeschlossen war)!

**II** Schmutzige und stinkende Kleidung ablegen!

**III** Leibesübungen und Sport im Gymnasium treiben!

**IV** Zuerst im Tepidarium (warme Sauna), dann im heißen Dampfbad (Caldarium) schwitzen!

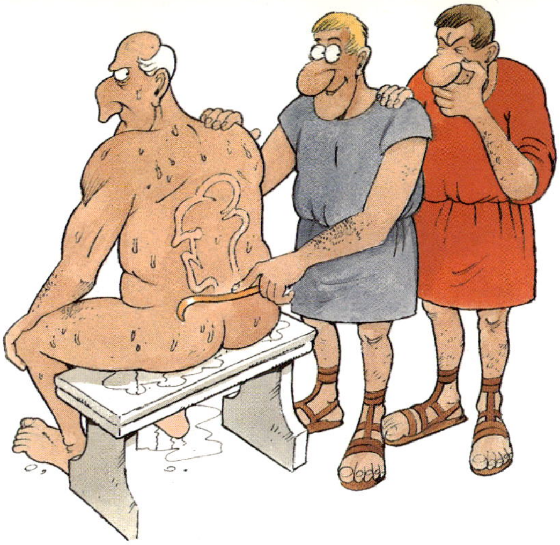

**V** Restlichen Schmutz mit dem Schabeisen entfernen (Reinigung des Rückens übernimmt ein Sklave)!

Wenn es sauberer nicht mehr geht:

**VI** Rein ins eiskalte Frigidarium, damit sich die Poren wieder schließen!

**VII** Den Massagesalon aufsuchen um sich von einem Sklaven mit Öl und Parfüm einreiben und durchkneten zu lassen!

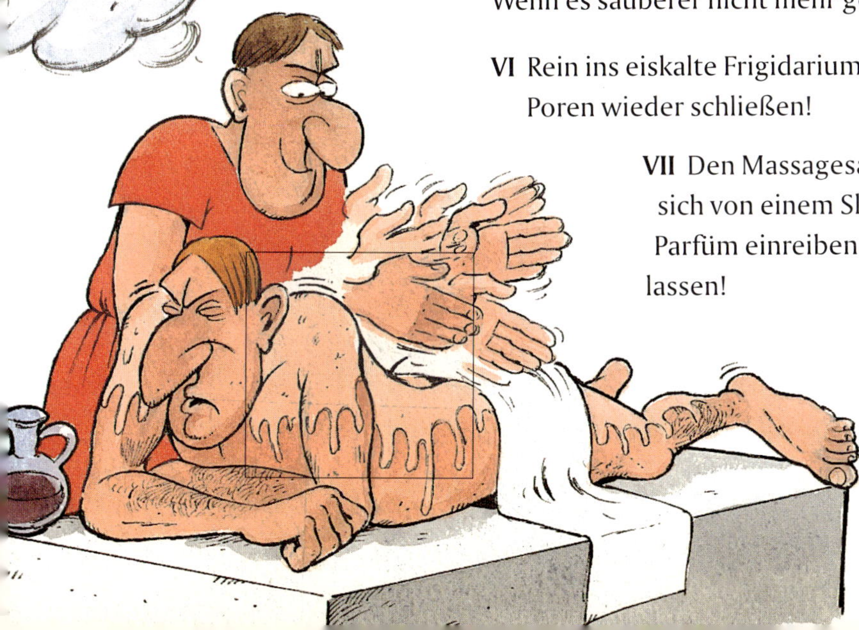

*Rubbel und schnupper den Rücken dieses Römers!*

# GLADIATORENSPIELE

Weniger gepflegt, aber eine ebenso gute Unterhaltung waren die Gladiatorenspiele. An Feiertagen konnte sich jedermann an den blutigen Spielen erfreuen – fast jeder, denn für Sklaven, Gefangene und Christen war das kein so großer Spaß: Sie standen oft ***in*** der Arena. Die Briten wollten wegen des schlechten Wetters zuerst keine Amphitheater bauen. Sie änderten aber ihre Meinung, als sie hörten, dass dort lebendige (und tote) Gladiatoren hautnah zu sehen waren.

Stell dir das Spektakel vor: Die Zuschauer toben! Der Blutgeruch in der Arena ist gewaltig, denn fünfzig Gladiatoren haben schon ihr Leben ausgehaucht! Die Veranstalter lassen Parfüm versprengen, damit es nicht so nach Tod stinkt. Doch das Publikum ist gar nicht empfindlich, es fiebert dem Endkampf zweier Gladiatoren entgegen. Der eine liegt schon blutend am Boden und die Zuschauer entscheiden jetzt über sein Schicksal: Daumen hoch – er soll leben; Daumen runter – er ist erledigt.

# ROM GEHT BADEN

Im 4. Jahrhundert n. Chr. hatte sich in der Provinz Britannien einiges verändert. Kaiser Konstantin erhob das Christentum zur Staatsreligion. Das bedeutete:

**I** Christen wurden in den Amphitheatern nicht mehr den Löwen vorgeworfen.

**II** Man brauchte der Göttin des Wohlgeruchs oder der Göttin der Kanalisation keine Opfer mehr zu bringen.

**III** Bäder und Parfüm kamen aus der Mode, weil die Christen dies für unmoralischen Luxus hielten. Sie wollten lieber ganz natürlich nach Schmutz und Schweiß riechen.

Im 5. Jahrhundert n. Chr. ging das Römische Reich unter und mit ihm die Provinz Britannien (410 n. Chr.). Fast 400 Jahre hatten in England und Wales römische Sitten und Wohlgerüche geherrscht – und die Briten sich gerade daran gewöhnt. Doch ohne die römischen Legionäre konnten nun die Briten die Angelsachsen, die versuchten das Land zu erobern, nicht mehr aufhalten.

Die römischen Briten beschwerten sich über den ekelhaften Geruch der herandrängenden Barbaren, die sogar ranzige Butter als Haarpomade benutzt haben sollen. Das zeigt schon, dass die römischen Aromen bei den Briten bleibende Spuren hinterlassen hatten – ihre eigene stinkende Vergangenheit hatten sie vergessen.

# FÜR SPÜRNASEN

**A. Lies das Gedicht und füll die Lücken aus:**

Die Römer mussten ziemlich schuften
um immer rein und frisch zu .......
Sie hatten sich zu viel aufgeladen
und so ging das Römische Reich .......

Von allen Seiten kamen Barbaren
mit ranziger Butter in den .......
Aus war's mit den Gladiatoren.......
und die .......siedlungen zerfielen.

Wozu baden, sich .......,
....... scheren, Achseln rasieren?
Man fand wilde Sitten wieder gut
mit Schweiß, Dreck und viel .......

Das Römerimperium ging in die .......
und mit ihm das Reich der .......gerüche.

**B. Finde die richtige Antwort!**

1. Wie verwandelte ein Römer einen Pudding in einen Misthaufen?

2. Warum waren römische Festgelage ein besonderer Gaumenkitzel?

3. Warum war es besser mit Kopfschmerzen nicht zum Arzt zu gehen?

# MINILEXIKON

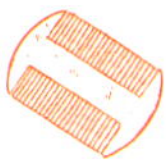

| | |
|---|---|
| **Amphitheater** | Freilufttheater, wo Wettkämpfe stattfanden |
| **Angelsachsen** | Sammelbegriff für die Angeln, Sachsen und Jüten |
| **Aquädukt** | über Pfeiler geführte Wasserleitung |
| **Archäologe** | Wissenschftler, der die Überreste alter Kulturen erforscht |
| **Barbaren** | galten als unzivilisiert, weil sie kein Latein sprachen |
| **Barbier** | ein altes Wort für Friseur |
| **Caldarium** | der heißeste Raum im römischen Bad |
| **Druide** | keltischer Priester |
| **Forum** | Zentrum einer Römersiedlung, Marktplatz |
| **Frigidarium** | der kalte Raum im römischen Bad |
| **Gladiator** | ausgebildeter Kämpfer, der in der Arena kämpfte |
| **Gymnasium** | Sport- und Turnstätte im römischen Bad |
| **Humores** | die vier Körpersäfte, die im Gleichgewicht sein müssen |
| **Kelten** | Eisenzeitstämme (800 v. Chr. – 0), die bei Ankunft der Römer große Teile Britanniens bewohnten |
| **Latein** | die Sprache der alten Römer |
| **Legion** | Trupp von etwa 5000 römischen Soldaten (Legionären) |
| **Provinz** | Gebiet, das die Römer außerhalb Roms besetzt hielten und verwalteten |
| **Schabeisen** | gebogenes Werkzeug um Schmutz, Öl und Schweiß vom Körper zu schaben |
| **Schwammstäbchen** | Klopapier-Ersatz bei den Römern |
| **Tepidarium** | lauwarmer Raum im römischen Bad |
| **Toga** | Umhang eines feinen Römers |
| **Tuchwalker** | bei den Römern für das Waschen der Wäsche zuständig |
| **Vomitorium** | Raum, in dem sich die Römer bei Festgelagen erbrechen konnten |
| **Weihrauch** | Harz, das beim Verbrennen einen süßlichen Duft verströmt |

# REGISTER